Colección Literaria
Universidad Popular
2010

COMPOSICIONES DE LUGAR

Andrés Catalán

Universidad Popular
San Sebastián de los Reyes
2010

Consejo Editor:
Francisca Aguirre
Tacha Romero
Óscar Martín Centeno

Directora de la Colección Literaria:
Guadalupe Grande y Luz Pichel

© ANDRÉS CATALÁN
© AYUNTAMIENTO DE SAN SEBASTIÁN DE LOS REYES

Edita:
Ayuntamiento de San Sebastián de los Reyes
Departamento de Publicaciones de la
Universidad Popular José Hierro
Tels.: 91 658 89 98 / 92 - Fax: 91 651 52 68
libros@ayuntamiento.sanse.info

I.S.B.N.: 978-84-95710-57-4
Depósito Legal: M-12663-2010
Realiza: REPROFOT, S.L.
Celeste, 2 - 28043 Madrid

Ninguna parte de esta publicación, incluido el diseño de la cubierta, puede ser reproducida, almacenada o transmitida en manera alguna ni por ningún medio, ya sea eléctrico, químico, mecánico, óptico, de grabación o de fotocopia, sin permiso previo del autor.

Para Laura

*La mañana no es tal, es una amplia
llanura sin combate, casi eterna,
casi desconocida porque en cada
lugar donde antes era sombra el tiempo,
ahora la luz espera ser creada.*

CLAUDIO RODRÍGUEZ

*Consulta con el día sobre gemas,
sobre lana con púrpura teñida,
consúltale sobre semblantes y cuerpos.*

OVIDIO

I

SI MIENTEN LAS PALABRAS

Si mienten las palabras,
                    también los cuerpos mienten.

Y la piel también miente,
su refugio de sombra que esconde una distancia
insalvable, derrotada antes mismo,
como frases que nunca aspiran a ser ciertas.

Y el deseo, que miente
también como la noche, como la transparencia
equívoca del vidrio,
como el vaso que oculta
disuelta entre su luz una luz más oscura.

Los nombres del verano tienen cifras desiertas,
largas sílabas blancas de lo que no designan,
hay un trasfondo líquido en todos los espejos,
un prolongado hueco submarino en el gesto
de besar otros labios,

de rozar otra espalda,
                de tomar otros muslos:

la misma sima abierta que existe entre los trazos
fingidos de este arte
                y la belleza.

LA MENUDA DIFERENCIA

> *...que define*
> *el transcurso del tiempo y su eficacia.*
> ÁNGEL GONZÁLEZ

ESE QUEJIDO de ayer cuando apretabas
el labio con los dientes, ¿qué porción
de ti lanzó hacia el aire, hacia el vacío
lugar donde reposa cualquier gesto,
hecho ficción del tiempo, hecho
cosa que pasa,
hecho paloma o sueño, papel que cae,
papel que se desploma o que se quema?

¿Qué capa del amor fue levantada o qué fragmento
de ti quebró la noche,
qué diminuta esquirla conforma lo que el tiempo
arrastra entre dos días y compone
el peso del deseo y su desgaste?

SUCESIVO Y CONSTANTE

Sucesivo y constante, este derrumbe
nocturno de los cuerpos,
este nutrir el aire con porciones
de ti y de mí que se desgajan,
este rosa mortal que se diluye
por sombras:
         presagios de un fantasma
de luz que ha de venir,
que ha de traer el pájaro
del alba,
       su limpio canto inmóvil
de joven muerte atareada.

AMANECER

Cuando la mala cara del amanecer vuelve su gesto
y vuelca sobre el aire su espejismo
de pájaros que cantan y campanas,
cuando la flor del beso deja un pétalo
de sombra entre los labios,
una traza de sal, de mar a tientas,

alguien que no soy yo deja tu cuerpo,
alguien abre el balcón y vuelve el gesto
hacia esa luz que pinta los tejados,

la mira con los ojos del suicida,
de aquel que mira el muro
del día que despunta en la ventana,
pared de un patio hermoso, de la noche
que fue tiempo pulido y sin embargo
muralla ya tan alta, demasiado…

LAS FORMAS DE LA LLUVIA

Las formas de la lluvia, ¿dejan luego
igual que dentro
de la piedra memoria, dejan
devastación o traza dependiendo
de la dureza mineral o de lo intenso
de aquello que al momento muere, y pasa?

¿Deja el precario instante de belleza
rastro de amor? Lo que conspira
en el tiempo, contra el tiempo,
despojo del océano, ¿queda luego
de su agua un registro, de su olvido?

EL PINTOR SE ACERCA
POR ÚLTIMA VEZ A SU CUADRO

IGUAL QUE el alba cerca el cuarto y la luz hiende
la tela del deseo,
así se acerca, al fin,
colgado en el museo ya su lienzo,
óleo vencido al tiempo, piel muy fría,
caricia resbalada que tiende la distancia
a sus ojos que van
como el barniz nublándose, llenándose de arena,
de huecos donde anidan aún más huecos,
clausurada pupila para belleza tanta,
para tanta belleza que regresa sus centros
hacia su corazón:
todo lo que murió, miró:
                        lo que ya ha sido.

CIUDADES COMO CUERPOS (I)

Las ciudades también, como los cuerpos,
se definen mejor cuando amanece.
Cuando el frío revela lo que la piel anoche
escondía celosa, lo que la sombra urdía
en el zumo y la cáscara
es todo lo que queda,
lo amargo, lo que el tiempo
cuando cesa la lluvia deja intacto.

No hay un lugar que sepa de sí mismo,
ni existe un corazón que cuando late
se conozca.

PASAR POR EL AMOR

Pasar por el amor como quien piensa
despacio en un poema: como quien llega
desde las tenues afueras de uno mismo,
desde un suburbio de adelgazada sangre,
y va hacia los jardines,
y acaba sobre el mar, y el mar se vuelve,
y el mar se va marchando con la fría
o incauta melodía del tiempo, y todo ha sido
un cabello de árboles estrechándose al sol,
y comprende un instante la belleza:

pasar por el amor como quien se sucede
en unos versos. Como quien antes
de hacer el equipaje entiende su regreso,
y lo acepta sin más,
                     y escribe su poema.

NOCIÓN DEL ALBA

AJENO ME es el cuerpo que he besado,
la piel común
hendida está ya en dos como está el tiempo.

Pasada está la noche y su gemir tan alto.
Cercana la mañana y su pobreza
y su silencio extenso. Y el latido
extraño y lo perplejo
de aunar con el recuerdo el mismo techo
—el mismo techo blanco, cielo blanco—,
la misma disposición de los objetos,
de ver en cada prenda
de ropa como un pájaro caído
el brillo y el sudor y lo que era
solo despeñamiento mudo, solo huida
hacia delante y ciega, solo un cuerpo
común de sangre deslumbrada.

Ajena en la mañana me resulta
tu belleza. Solo un cuerpo tendido,
una desacompasada
respiración. El tacto frío

del filo de la luz, de la frontera
en que tu piel limita con el tiempo,
la forma en que desdice tanta luz
la sombra y su recuerdo.

LA MIRADA

Distánciamela, espejo;
trastorna su tamaño.
PEDRO SALINAS

CUERPOS CON luz dudosa
desnudándose.
Y frente a frente labios y caderas,
cremalleras y encajes, terciopelos
de piel muy leve y blanca.

¿Frente a frente los ojos? Las miradas
se cruzan, sí, pero se esquivan
y juegan a esconderse por los muslos,
juegan a ser miradas de los otros,
a hacerse más pequeñas,
a reducir
la sangre más despierta a una lisura,

para que así el deseo, ese puñal de dudas,
ese puñal de verdes filos se distancie,
sea constelación de ajenos lindes,
encerrada visión dentro de un marco:

tan solo ese callado
retrato que del roce y el gemido
nos devuelve la plata, el vidrio frágil
donde el cuerpo perdona hasta el detalle.

LA GRANDE BAIGNEUSE
(Dominique Ingres)

La curva de la espalda así enmarcada,
¿a quién cobija?
La desnudez no es tal. Ni trazo ni color,
no hay luz siquiera. Piel y sábanas, líneas
hechas para el amor. No para el tacto.

Minuciosa mirada que no tiene
reflejo, silencioso
el roce de la piel contra la tela,
de la pupila
que no pretende un rastro, así
resbale por el cuello, así se pierda.

La muchacha protege su belleza,
inmóvil en el gesto, así apoyada,
y el busto que no muestra solo existe
en el poema:

          es el deseo.

GRAN VÍA, 1974-1981
(Antonio López)

Indiferente al lienzo, la luz que busca
no acaba de acudir esta mañana.

Tiene veinte minutos. Después
un tono diferente tomará
el baile de los grises, las aceras,
el juego de fachadas. La distancia.

Es paciente.
Ha dispuesto su lienzo en la mediana.
Algunos coches pasan.
                          Es temprano.
Enciende un cigarrillo. Comprueba
de nuevo la textura, lo aceitoso
del óleo en la paleta.

La noche que se arrastra va dejando
los colores. Quitando sus andamios,
dejando que la luz
descifre los perfiles, inunde la distancia
y sus huecos de humo y de carteles.

Un guardia pasa.
El silencio lo rompe una sirena.

AIX-EN-PROVENCE

Mientras fuera en el huerto se despiertan los frutos
y en la boca del alba gota a gota resbalan
su color y su aroma y su sombra se va
con el rocío,
Cézanne aún en su cama ordena y desordena
esferas de carmín en torno a un mantel blanco.

Han pasado dos meses desde su último lienzo
y hace dos meses más
                     que Hortense ya no le escribe.

Amanece despacio al Sur de Francia,
demasiado despacio. Y sin embargo
la luz cuando al fin llega,
cuando al fin se desliza desterrando lo oscuro,
no otorga absolución, no apaga dudas.

EL SACRIFICIO DE LA ALEGRÍA

Todo regresa al frío.
WALLACE STEVENS

EN UN cuerpo que se apaga lentamente
permanece un rescoldo poco tiempo.
La carne se enfría sin preguntas
y sin preguntas se aleja de otros cuerpos,
regalo azul fugaz de los termómetros.

Tan solo sobreviven las violetas,
tan solo del invierno perviven las astillas;

cenizas solamente de la rosa,
alegres desperdicios de la hoguera,
los besos de la luz
son viento por las venas,
                    son tardes
que casi no recuerdas, son enigmas
del tiempo y su transcurso por la risa,
el sol, el jazmín que disuelve
su cálido silencio y su callada
música insomne para que al alba vuelva
tan solo a ser la escama de ese frío.

NI PLENITUD NI AUSENCIA

> *Ser consciente es no estar en el tiempo.*
> T. S. Eliot

El amor deja paso a las estériles
formas. Pero solo
en esa forma que no pretende adentros,
pero solo en la mirada desenvuelta
del vestido que tendió la noche en llamas,
es posible el desnudo.

Ya la luz ilumina, vuelve a reconstruirse
con el humilde azul y el pájaro que canta.
Tras el amor, la forma y la conciencia.
Tras el amor tan solo
dos espaldas. Tan solo
dos amantes.

En este amanecer de Enero,
en este simple frío, la ceniza
ha alcanzado por fin condición de poema.

DE LA CENIZA ALEGRE

Para Beatriz

IGUAL QUE al mismo tiempo
es triste y es alegre
preparar un viaje,
planear lo que cabe en las maletas,
la ruta en la ciudad desconocida,

las primeras
caricias le suman a la luz una fracción
de sombra y de espejismo.

Porque cada principio de verano
recoge algo del último
latido de un sol que ya
se escora hacia el otoño,
porque la fecha de volver siempre está escrita,

porque el primer abrazo
se sabe iniciador de una segura
derrota paulatina,
a oscuras contra el tiempo, su regalo
de ceniza amarilla,
dorado amanecer tras tanta noche
rodando por el sueño de unos labios.

II

Nadie sabe mejor que tú, sabio Kublai, que no se debe confundir nunca la ciudad con las palabras que la describen.

ITALO CALVINO

LA CIUDAD NO ES VERDAD

La ciudad no es verdad. Es un reflejo.
Solo existe su rastro, solo existen
las calles que se cuelgan de un alambre,
como sombras de cuadros,
de lienzos recién húmedos,
de espejos, plata estéril, de agua quieta.

La ciudad no es verdad. Es luz tan solo
buscando en la memoria los andamios de sombra,
los perfiles del aire, la exacta arquitectura
del equívoco brillo, de lo que ya no existe,
es luz buscando formas,
colores impostados, paisajes que a la orilla
del olvido estremecen su horizonte.

La ciudad no es verdad: / brota en las piedras
gastadas por la luz que está buscándola,
tallando su dibujo y deformando
la despojada
              severa desnudez de su distancia.

UN ESCRITOR ES TODOS LOS ESCRITORES, UNA CIUDAD ES TODAS LAS CIUDADES

Escribo en un café —o al menos
es eso lo que intento—,
frente a una ventana que da
a una calle en penumbra.
Afuera llueve.
Yo pienso en el café
de Lisboa en que escribía
Fernando Pessoa,
en los cafés
de París donde Neruda,
donde Verlaine, Éluard, Rubén Darío…

Afuera llueve y moja
la ciudad que habito. Una precisa
marca trazada sobre el mapa
de mi vida. Pero el cristal
es de esmeril
y no cuesta trabajo imaginar
la misma lluvia en las aceras
de Lisboa, París, Viena, Madrid…

Bajo la lluvia, tras la ventana,
con la cortina del tabaco y en estado
de versos y fatiga, todas
las ciudades albergan en sus calles
una historia común
                       y un rostro parecido.

PARÍS

París no se acaba nunca.
E. Hemingway

París no cabe en un poema.
Es posible quizá / mostrarla al visitante
—allí la Tour Eiffel, esto de acá
Les Halles; a lo lejos —ve usted—
Montparnasse, Père Lachaise y sus muertos...

¿Pero cómo decirlo sin contar
que en esta geometría de jardines
que es hoy Les Tuileries
el padre de Renoir confeccionaba trajes
y un poco más allá su hijo copiaba
en pobre porcelana Venus, nubes,
sacadas de unos viejos grabados italianos?

ROMA

En las fuentes de Roma se repite el reflejo
de los rostros que absortos miraron su belleza.

Han pasado los siglos. Permanecen los ojos
y las bocas distintas
se confunden a veces en el agua, la misma,
y hay un ángel de mármol que en ocasiones —dicen—
a los turistas cuenta
chismes de Miguel Ángel y Bernini.

En las fuentes de Roma hay un único rostro
y la historia es la misma, mil veces repetida.

SE CONSTRUYEN DE TIEMPO

Se construyen de tiempo. De perfiles
que levanta la luz sobre los hombros,
de bronces que derrumban sus disfraces / y de tardes
con sangre acuchillada en los tejados.

Su latido es / siempre ese temblor de piel,
esa callada
desvanecida música del cuerpo y de su sombra,
es esa hilera / de noches que se hilvanan
en torno a unas caderas o a las piernas
de ese sueño tan rubio y tan ajeno.

Y envejecen contigo. Porque puede
la ruina de sus piedras solo ser la mirada
que tiende a deshacerse,
jirón de amor y tiempo en los cerezos
que en cada labio ajeno erigió primavera,
ese blanco racimo de los pétalos
que insiste en apagarse.

Laberintos de humo y de palabras,
se construyen de tiempo y de espejismos
que vagan por sus calles,
repetidos, / como golpes de lluvia en las ventanas,
como secretos íntimos.

VISTA DE DELFT
(Vermeer)

No la que tiende mansa su lomo al mediodía,
no ese preciso azul ni el amarillo
de la pared que Marcel Proust amaba,
sino la que coloca
en la ventana el ruido de los carros,
de los remos que se hunden en el agua,
la voz del mercader que anuncia sus ungüentos,
mientras vierte —cuidadosa— la leche
la muchacha.

CALLE DEL AIRE, 4

Para Juan Lamillar

TAMBIÉN LA ciudad hizo su parte. Ni una sola
fachada podría conocerte, ochenta años
después que aquí vivieras, Calle del Aire 4,
muros terriblemente blancos, patios solos,
jardines con turistas y postales.

La ciudad te miró, tú la miraste,
te envolvieron los versos sus calles y sus gentes,
urdieron sin ti tus pies su geografía, mas
¿qué queda?, ¿qué resto de mirada permanece
prendido del paisaje que otros ojos
ahora y otros cuerpos estremece?

IDA Y VUELTA

PARA AMAR las ciudades, para que exista aún luz
al alzar la mirada,
se hace preciso a veces alejarse de pronto,
tomar cualquier mañana algún tren que se aparte,
que extienda entre sus calles
—esas calles de huecos y de pájaros—
y nuestro corazón un paisaje de campos
donde el tiempo cabalgue,
donde la luz aporte serenidad y calma,
largas filas de árboles
                     y pueblos muy pequeños.

Y entonces naufragarse en otros barrios,
mirar como las casas levantan otros sueños,
como las tiendas venden los mismos espejismos
y tu sombra, / despacio, / se pierde en los peatones
y los coches de siempre, y los semáforos.

A veces es preciso abandonar un cuerpo,
para poder volver,
para poder perderse, de nuevo, con asombro,
en el dédalo lento de sus ruinas de siempre,

en ese palpitar de nuevo sin palabras,
sin nombres, solamente
de íntimos jardines, de calles sucediéndose,
precarios como el tiempo
                      y su melancolía.

MATRIOSKA

Nosotros habitamos las ciudades.
Pero muy pronto
acaban siendo ellas las que siempre
a fuerza de poblarlas se oscurecen,
acaban por poblar lo que no existe:

esa densa región de rostros y cascotes,
de ruinas que acumulan otras ruinas,
esa zona interior donde vivimos.

MEMORIA DE LAS PIEDRAS

Salgo, paseo, / hay calles
que insisten parecidas a tus brazos.

Calles que se adelgazan,
que se alargan, que son como caricias
de fachadas
perdiéndose en la piel de la memoria,
ventanas como párpados ardiendo en las que vibra
un breve segundo el sol o la blancura
de un rostro que sujeta su mirada,
vidrio apenas apoyo para viejos recuerdos,
para nuevos deseos colgados del paisaje.

Paseo. He dejado mi casa. Cruzo
calles y esquinas de plata acribillada,
de plata piel opaca, de piedras donde el tacto
recuerda a tu mirada,
palacios con columnas donde brota
a veces un tobillo,
una media tal vez, la luz las viste, pone faldas
al viento, convoca tu perfil
más temprano, más luna de ti misma,

convocando tu rostro al agua quieta
y breve de los vidrios.

Paseo. Toda tú compareces.
La ciudad te recuerda, ella es tú y es tus límites,
esa misma distancia, / tu sombra / más precisa.

BREVE IMAGEN DE MÍ

Sobre el escaparate, cuando las tiendas cierran,
voy buscando mi rostro.
Voy buscando mi imagen en el vidrio.

Cuando todo se apaga y la ciudad
oscura comparece con sus calles
tendidas
debajo de las casa incendiadas,
voy buscando mi rostro.

Voy buscando el reflejo
que de mi se adivina en los cristales
de las tiendas de moda, en los pequeños
vidrios de las ferreterías,
en los grandes acuarios de los bancos.

Cuando todo se apaga, y yo vuelvo a mi casa,
voy buscando mis signos,
los rastros que de mí van reflejando
espejos sin azogue, el fondo en sombra:
esa verdad del cristal / y la tiniebla.

CIUDADES COMO CUERPOS (II)

Para Ben Clark

Nunca de una ciudad afirmes
ya toda la conozco,
cada secreto lugar he descifrado.

Toda ciudad son capas superpuestas
de una ciudad distinta, misteriosa,
como noches en fila, haciendo cola,
mezclándose en las hondas oficinas
de la memoria y la piel,
como cuerpos ajenos y palabras

de los que nunca nunca debes afirmar
ya todos los conozco,
cada secreto lugar he descifrado.

ÍNDICE

ÍNDICE

Pág.

I. 11

Si mienten las palabras 13

La menuda diferencia 15

Sucesivo y constante 16

Amanecer 17

Las formas de la lluvia 18

El pintor se acerca por última vez a su cuadro 19

Ciudades como cuerpos (I) 20

Pasar por el amor 21

Noción del alba 22

La mirada 24

La Grande Baigneuse (Dominique Ingres) 26

Gran Vía, 1974-1981 (Antonio López) 27

Aix-en-provence 28

El sacrificio de la alegría 29

Ni plenitud ni ausencia 30

De la ceniza alegre 31

Pág.

II. 33

    La ciudad no es verdad 35

    Un escritor es todos los escritores, una ciudad
        es todas las ciudades 36

    París 38

    Roma 39

    Se construyen de tiempo 40

    Vista de Delft (Vermeer) 42

    Calle del aire, 4 43

    Ida y vuelta 44

    Matrioska 46

    Memoria de las piedras 47

    Breve imagen de mí 49

    Ciudades como cuerpos (II) 50

Esta obra se acabó
de imprimir en Madrid
el día 20 de marzo de 2010

Reprofot, S.L.
Teléfono: 91 733 87 28
C/ Celeste, 2 - 28043 Madrid
comercial@reprofot.com